LE
13 JUIN.

Paris.—Imp. Schneider, rue d'Erfurth, 1.

LE
13 JUIN

PAR

LEDRU-ROLLIN.

PARIS,

AU BUREAU DU NOUVEAU MONDE,

102, RUE RICHELIEU.

1849.

LE 13 JUIN.

C'est un procès jugé, mais non plaidé.

Cambacérès, à l'occasion du 9 thermidor.

I.

Depuis cinq mois, j'ai laissé l'action et la parole à nos ennemis : ils en ont usé largement, comme ils savent le faire, quand la dictature les couvre ; et, sauf les pontons que l'exil remplace, la réaction de juin 1849 n'a rien oublié, dans ses débauches, des violences de sa mère, la sanglante réaction de 1848. Ainsi, l'état de siége quand Paris jouissait du calme le plus profond, les conseils de guerre, les mandats sur délation, les visites domiciliaires, la suspension des journaux, aggravée cette fois du pillage des imprimeries, des citoyens frappés à genoux sans défense, d'autres jetés dans les cachots pour un mot, pour un geste, ou même pour simple cause de suspicion, voilà ce que nous avons vu depuis le 13 juin, sans compter la plus riche hécatombe de représentants que l'histoire ait connue, et la série de lois draconiennes qui sont l'impôt obligé des journées fatales au peuple, la prime ordinaire des contre-révolutions heureuses.

Dans cette belle curée que les royalistes se sont ouverte, comme la liberté, comme le peuple, comme mes amis, j'ai laissé ma part de dépouilles ; mais, ne pouvant assouvir sur ma personne leurs implacables rancunes de Février et d'avant Février, mes loyaux ennemis se sont jetés sur mon honneur, et, pendant quatre mois, tous ces *braves* m'ont accusé de lâcheté, de désertion à l'heure de la bataille. Je n'ai pas voulu répondre aux *Bayards* si connus de Février et de Juillet ; car leur parole ne vaut en matière d'honneur, et, comme leur bouclier, leur cœur est de carton, ainsi qu'en témoignent deux dynasties tombées sous nos coups, sans qu'ils aient su montrer même le courage des valets pour les défendre ou pour les suivre.

Que m'importait, d'ailleurs ? N'avais-je pas pour me venger la preuve publique imminente au procès, les témoignages à l'audience qu'on ne pouvait ni supprimer ni travestir. N'étais-je pas certain qu'il serait fait justice au grand jour, en plein débat, de toutes ces fables burlesques, inventées ou ramassées sous toutes les polices, et perfidement enchâssées dans les réquisitoires, à cette honnête fin de frapper, dans l'un des fondateurs de la République, la République elle-même ?

Aujourd'hui, quoiqu'un arrêt ait supprimé violemment la défense générale de la cause et de ses martyrs, cette preuve que j'attendais, cette preuve expiatoire s'est faite, par les témoignages et par la parole loyale de mes amis, dont la probité fidèle, dans les fers, comme dans les autres fortunes, m'a touché profondément et me console de toutes ces avanies.

Un mot seulement, un dernier mot sur ces calomnies, misérables cartouches de police qui ont servi depuis cinq mois à charger tous les gros et petits calibres de la réaction..

Dans la journée du 13 juin, au Conservatoire, nous avons vu la mort d'assez près, quelques-uns de mes amis et moi. Le long du mur alignés, sans armes et sans défense, nous étions à six pas, sous le feu d'un peloton qui nous tenait ajustés et qui n'attendait plus que le dernier commandement. L'officier, ivre de fureur et de vin (disent plusieurs témoins), levait son épée pour donner cet ordre de mort, quand un chef supérieur, accourant à toute bride, n'eut que le temps de relever les fusils. « Ils sont prisonniers, dit-il; s'ils bougent, on les fusillera tout à l'heure. » Oui, un instant de plus et nous tombions assassinés, sans provocation, sans combat, sans explication, sans jugement, comme un troupeau qu'on égorge à l'abattoir ! Eh bien, à ce moment tragique et suprême, un seul des hommes rangés le long de ce mur a-t-il baissé la tête, a-t-il, en suppliant, marchandé sa vie, et fait prix pour son corps aux dépens de son honneur? Quels sont donc les lâches, de ceux qui se tiennent ainsi sous la mort, sans pâlir, ou de ceux qui les insultent le lendemain, prudemment abrités derrière les canons de l'état de siége? Non, non, pendant cette journée de sacrifices, je n'ai point oublié un instant que, de tous ses représentants, j'étais celui que la France venait d'honorer du plus grand nombre de ses suffrages.

Et plus tard, en effet, lorsque j'ai quitté le Conservatoire, y avait-il lutte? y avait-il bataille? avais-je des amis engagés dans un combat? Il n'y avait ni combat, ni lutte, ni bataille d'aucune espèce. Sans avoir rendu ni le droit ni les armes, car je n'avais pas d'armes, et mon droit restait entier sous la force, j'étais prisonnier de guerre dans une place mal gardée. Je me suis retiré librement, sans laisser derrière moi, — ni ma parole, que je n'avais pas donnée, ni mes amis; — car, depuis plus d'un quart-d'heure, il ne restait que quatre d'entre nous aux Arts-et-Métiers : Martin-Bernard, Considérant, Guinard, et moi; — ni, par conséquent, mon honneur.

Depuis quand le prisonnier de guerre est-il lui-même justiciable de ses fers tombés? et si la force ne sait ou ne peut garder ses captifs qu'entourent trop de sympathies, quelle est la morale qui les condamne à se faire leurs geôliers eux-mêmes? — Pourquoi, d'ailleurs, moi, représentant, aurais-je sanctionné la violence exercée sur le Peuple souverain dans ma personne? Est-ce que, dans l'accomplissement de mon droit et de mes devoirs, j'avais à légitimer la force, en laissant mon écharpe, ma liberté ou ma vie en otage à ses caporaux? Encore un coup, ceux qui me dénoncent comme ayant déserté la bataille savent bien qu'il n'y a jamais eu de bataille au Conservatoire. Maintenant, qu'ils aient été hors d'eux-mêmes d'avoir laissé échapper la proie.... sans trop de présomption, je le comprends, au luxe de piéges dont ils l'avaient environnée; mais, je ne saurais compâtir à leur douleur, quand je me souviens que le guet-à-pens audacieux de

Moulins est resté sans vengeance, et qu'on n'a pas voulu trouver les coupables d'un assassinat public tenté contre ma personne.

Laissons les hommes et parlons principes.

2.

La Question Romaine.

Le 13 juin dernier, nous avons été déclarés
factieux par le gouvernement de M. Louis Bonaparte; nous avons été traqués comme tels, et livrés, sans débats, par l'Assemblée nationale,
aux bras vengeurs de la justice politique. Une
longue instruction s'est faite contre nous, sous
l'état de siége, sans aucune garantie de publi-
cité ni de contrôle, car toutes les feuilles libres étaient supprimées ou bâillonnées; et,

2

de ces investigations à huis-clos, un acte d'accusation est sorti, qui nous a traduits devant la haute-cour de Versailles, comme accusés de complot et d'attentat *contre la République,* à propos des affaires romaines.

Les affaires romaines! l'Europe entière les sait. Comme cependant ce n'est que du pur énoncé des faits, du simple rapprochement des dates que découle naturellement la preuve et de notre justification et du forfait du gouvernement, qu'il me soit permis de les rappeler rapidement.

Au mois de mars dernier, un ministre du gouvernement fut **chargé** de porter à la tribune de la Constituante **la demande** d'un crédit de 1,200,000 francs pour les frais d'un corps expéditionnaire qu'on voulait envoyer dans les États romains. Ce ministre déclara qu'il y avait péril imminent pour l'indépendance et la liberté romaine; que les puissances alliées du Saint-Siége allaient envahir Rome, et qu'il fallait que le drapeau de la France fût là pour arrêter les vainqueurs et couvrir les vaincus.

A cet hypocrite appel fait au nom de la liberté, je compris qu'une mauvaise pensée venait de naître dans les conseils du gouvernement, et que cette pensée portait dans ses conséquences non-seulement une violation flagrante de notre Constitution, mais la ruine de la République romaine et la restauration de tous les vieux abus de la papauté. Je dénonçai ce complot en germe; la Constituante ne partagea pas mes craintes, que les événements, hélas ! n'ont que trop justifiées depuis. Une commission fut nommée pour examiner à fond le projet du gouvernement, et les engagements les plus formels des ministres, dans les bureaux, ayant calmé tous les scrupules, même ceux de M. Jules Favre, la majorité sanctionna par son vote le crédit et l'expédition.

Tel fut le premier acte public de cette longue intrigue gouvernementale, si féconde en palinodies indignes, et qui s'est dénouée dans le sang à Rome, à Paris par la déportation.

Notre instinct nous avait bien servis, mes amis et moi! N'avions-nous pas d'ailleurs la leçon des événements? Les faits qui se passaient sous nos yeux n'étaient-ils pas autant de preuves vivantes? Ainsi, la République romaine était, comme la nôtre, sortie des libres volontés d'un Peuple souverain, et bien qu'elle eût un gouvernement légal, issu du suffrage universel, on refusait de la reconnaître; on n'avait de relations officielles qu'avec le représentant du pouvoir déchu, témoignant ainsi effrontément de la haine qu'on portait à Rome affranchie; enfin le commandement de l'expédition est confié à un des porte-bannières de l'Eglise et de la branche aînée.

Maintenant que le pays a payé l'assassinat de Rome de son or et du sang de ses fils, maintenant qu'il est engagé par la question romaine dans un impasse infranchissable, il peut dire si nous avions raison de sonner le tocsin à la première alerte?

Mais le complot tramé dans l'ombre pour un succès électoral qui devait désarmer la Révolution à l'intérieur, ce complot des royalistes et de l'Élysée, va bientôt poindre au grand jour et se développer dans toutes ses perfidies. L'attaque du 30 avril, en effet, cette attaque sauvage contre Rome, découvrit le dessein caché de la politique française et les secrètes instructions qu'on avait données au général Oudinot.

Qu'avait voulu la Constituante? Qu'on entrât, *en amis*, dans les États romains, qu'on occupât un point du territoire, ainsi que l'avait fait Casimir Périer pour Ancône, et qu'on attendît, avant d'intervenir, les hostilités de l'Autriche ou du Bourbon de Naples. Qu'avait cent fois répété le gouvernement par ses deux organes ministériels, MM. Drouin de Lhuys et Odilon Barrot? — Qu'il n'y aurait pas de

2.

prise d'armes contre Rome, qu'on respecterait son Peuple et ses Assemblées dans leurs volontés souveraines, et qu'on n'agirait que pour sauvegarder, en cas de malheur, les libertés romaines contre les violences de l'étranger. Eh bien ! le général en chef de cette expédition *fraternelle* et *tutélaire* avait ouvert sa campagne *philanthropique* par l'occupation militaire, dictatoriale de Civita-Vecchia, indignement, misérablement abusée, et, le 30 avril, il marchait sur la capitale, bataillons en armes et mèche allumée.

Subitement éclairée par ce guet-à-pens inouï, l'Assemblée nationale sentit l'injure. Elle se souvint de ces paroles, prononcées le 16 avril par M. Barrot : « *Nous ne voulons pas faire concourir la France au renversement de la République romaine.* » Et, devant cette déloyauté qui se trahissait à coups de canon, elle vota son fameux ordre du jour du 7 mai : « L'As-« semblée nationale invite le gouvernement à

« prendre, sans délai, les mesures nécessaires
« pour que l'expédition d'Italie *ne soit pas plus*
« *longtemps détournée* du but qui lui était assi-
« gné. »

Par cette sentence législative qui restera
comme une flétrissure publique dans notre
histoire, la Constituante dégageait sa responsabilité, châtiait le gouvernement et tentait
de l'arrêter dans ses félonies.

Le ministère, en effet, accepta ce terrible jugement; il jura de l'exécuter dans toute sa
rigueur, et, pour mieux tromper l'Assemblée,
il envoya M. de Lesseps à Rome avec plein
pouvoir de débattre et de résoudre. Mais les
élections approchaient; la Constituante, qui
s'était dépouillée de ses mains, allait remettre
à la Législative les destinées de la République, et sa volonté mourante fut bientôt scan-
daleusement trahie.

A l'heure où sa souveraineté venait de s'en-
sevelir dans le nouveau scrutin, on déchirait

son testament à l'Élysée avant que la Législative fût elle-même installée ; on donnait ordre au général Oudinot de renouveler sa marche sur Rome ; on engageait enfin l'honneur et les forces de la France, au mépris de la Constitution, au mépris de deux Assemblées dont l'une avait prononcé souverainement et dont l'autre était encore à parler !

C'est ici que le complot éclate dans tout son jour et que va commencer la série des attentats. Les acteurs se présentent désormais sans masque sur la scène, et chacun fait publiquement sa partie. Le président annonce des renforts à son cher Oudinot, et les vapeurs, armés en guerre, sillonnent la Méditerranée. L'honnête homme du conseil, M. Barrot, dénonce la République romaine comme un gouvernement de terreur et d'assassinats; la ville éternelle n'est plus qu'un coupe-gorge, un repaire de bandits et de révolutionnaires étrangers opprimant un peuple chrétien. Il faut chasser à tout prix ces écumeurs sauvages du saint asile métropolitain, et délivrer de la tyrannie de ces dictateurs cette grande cité catholique où tous les cœurs appellent, d'un vœu tacite mais ardent, le père de la mansuétude, le pape de toutes les miséricordes, Sa Sainteté Pie IX.

Pour cette œuvre fratricide, toutes les nuances du royalisme se donnent la main. J'entends encore d'ici la voix aigre de M. Thiers, les notes séraphiques et mielleuses de M. de Falloux, mêlées au faux bourdon du vieux chantre de la paroisse constitutionnelle. Ce brave homme, traître à ses serments de la veille, à tous ses actes, à toutes ses paroles de vingt ans, vient demander un nouveau crédit pour doubler les forces de l'expédition, pour écraser Rome, qu'il devait couvrir contre les Autrichiens. Le malheureux ! acheter quelques heures de pouvoir par tant de bassesses, pour se voir ignominieusement chassé plus tard par l'odieuse ingratitude d'un frère, et recevoir au cœur une inguérissable blessure. Mânes de la République romaine, vous commencez à être vengées !

Je le demande, y a-t-il place encore à l'équivoque, au scrupule, dans les cœurs honnêtes ? La Constitution n'est-elle pas cyniquement violée dans son article 5, et le sang romain ne crie-t-il point vengeance devant le Peuple, devant la Constituante, dont le dernier vote fraternel s'est traduit par un long et sanglant bombardement ?

Certes, si cette Assemblée s'était trouvée debout, dans son pouvoir souverain, devant cette rapide et scandaleuse évolution, devant cette indigne volte-face du gouvernement, à moins d'abdiquer toute pudeur et tout respect d'elle-même, elle aurait fait jeter à Vincennes le président et ses conseillers ; elle les aurait livrés à la justice nationale comme atteints et convaincus de haute trahison. Mais la Consti-

tuante n'existait plus, et quatre cents royalistes siégeaient sur ses bancs, jaloux de con-
clure et de porter contre la République romaine un coup fatal à la République française.

Aussi, voyez la marche des événements, et
comme tout se précipite sous l'impulsion des
chefs royalistes, parmi lesquels sont venus
siéger jusqu'aux vieillards de 1815.

La lettre du président de la République
était un acte flagrant de révolte contre la Constitution et contre le dernier arrêt d'une Assemblée omnipotente. Eh bien! la nouvelle
Assemblée l'amnistie, le fait sien et sanctionne,
par ses acclamations, cette scandaleuse usurpation du pouvoir souverain, cette insulte
grossière à la première Assemblée sortie du
suffrage universel.

Le ministère s'était engagé d'honneur, par
des actes (l'envoi de M. de Lesseps), et par la
parole (les discours de M. Barrot), à faire exé-

cuter l'arrêt du 7 mai dans toute sa rigueur. Eh bien ! la nouvelle Assemblée déclare que le ministère a bien fait de mentir à sa parole, de changer un corps d'observation, une expédition de sauvegarde en une expédition violente, en guerre acharnée contre un Peuple, contre une nationalité libre, indépendante, maîtresse d'elle-même. — M. de Lesseps, fidèle aux instructions qu'il avait reçues, ainsi qu'à la politique de la Constituante, voyant de près les choses et les hommes, conclut un armistice et formule un traité qui termine le différend à l'honneur des deux politiques et des deux Peuples engagés.—Eh bien ! l'armistice est violemment rompu par le chef militaire de l'expédition : un simple agent du pouvoir exécutif déchire le traité d'un plénipotentiaire ! M. de Lesseps est désavoué, rappelé, flétri par un gouvernement parjure, par une politique à double visage qui ne fut qu'une éternelle hypocrisie. — Et la nouvelle Assemblée de glorifier encore cette longue série de scandales, de trahisons, d'équivoques, dont le dernier mot devait être l'arrêt de mort d'un Peuple, et le dernier terme, l'assassinat d'une République.

Que devions-nous faire devant ce pouvoir exécutif qui, ministres et président, venait entrer, après trois mois de conspiration, d'intrigues, de mensonges, en pleine révolte contre l'esprit de la Révolution de février, contre les principes de la politique républicaine, contre les décisions suprêmes de l'Assemblée, contre le texte formel de la Constitution et contre la foi jurée? Nous devions demander la mise en accusation des ministres et du président; nous devions provoquer devant l'Assemblée législative l'application immédiate des articles de la Constitution sur la responsabilité.

Ce devoir, nous l'avons accompli jusqu'au bout; — nos conclusions et nos motifs, comme les faits de cette guerre impie, sont déjà de l'histoire ; mais dans la conscience contemporaine, ils sont demeurés aussi vivants qu'au jour de la lutte : elle en est encore toute saisie, et dans plus de vingt procès, elle nous a donné raison par le verdict solennel de ses jurés.

L'Assemblée législative rejeta pourtant nos propositions vengeresses de l'honneur et de la loi outragés. La demande de mise en accusation fut repoussée par la majorité royaliste, et la politique anticonstitutionnelle du gouvernement consacrée par le vote d'un crédit nouveau.

Oui, quelle conduite tenir, dans cette conjoncture extrême, devant une Assemblée qui légitimait le parjure des ministres, l'usurpation du président, et qui se rendait complice de leur révolte contre la loi fondamentale de la République?

En présence de cet article 7 du préambule de la Constitution : « Le citoyen doit aimer la

« patrie, servir la République, la défendre,
« même au prix de son sang. »

De l'article 109 : « L'Assemblée nationale
« confie le dépôt de la présente Constitution et
« des droits qu'elle consacre à la garde et au
« patriotisme de tous les Français. »

Ces prescriptions obligatoires et sacrées,
nous les avons, par la tribune, par la presse,
portées devant le Peuple, et montrant tous
les pouvoirs en flagrant délit d'attentat contre
la Constitution, nous les avons déclarés dé-
chus, rappelant à chacun ses droits et ses devoirs.

C'était mettre en demeure le souverain au
nom de la Constitution violée par ses délégués ; c'était accomplir notre dernier acte de
représentants constitutionnels.

Le souverain a répondu, le lendemain, par
une manifestation pacifique, par une dernière
tentative en droit, fondée sur l'article 8 de la
Constitution, qui dit :

« Les citoyens ont le droit de s'associer, de
« pétitionner, de s'assembler paisiblement et
« sans armes. »

Or, à cette manifestation *légale*, comment,
à son tour, a répondu le gouvernement? Par
la violence sans sommation (je le prouverai),
par une attaque sauvage, par la baïonnette,
par l'épée qui a versé le sang et qui nous a
poussés au Conservatoire.

Et qu'a fait l'Assemblée? Elle a livré le
Peuple, le souverain, à la dictature militaire,
et les protestants parlementaires au parquet,
comme elle avait livré la Constitution au gouvernement.

Voilà la crise de juin dans ses causes et
dans ses faits généraux.

A quelques jours de là, on entendit tomber
les murailles de Rome sous les boulets de la
France républicaine, et le ministère annonça
que nos armes avaient enfin délivré la ville
éternelle.

En effet, la dictature étrangère exercée par un soldat venait d'être établie, et gouvernait sous l'inspiration des prêtres : on avait chassé la Constituante, chassé les administrations, chassé le gouvernement, aboli la République, dissous la garde nationale et ce qui restait de l'armée. La presse était au bâillon, le peuple sous la loi martiale, et deux drapeaux flottaient au château Saint-Ange, celui des cardinaux inquisiteurs et celui de l'étranger victorieux. Rome était donc bien libre, libre, comme le Paris de 1815 sous la lance du Cosaque et sous la pression de l'Europe armée.

Ce peuple *affranchi* pourtant ne criait point *Noël!* n'appelait point son pape, n'embrassait pas ses libérateurs ; il enterrait ses morts et portait, à la face de l'armée française, le deuil de la République.

Dans cette ville qu'opprimaient la veille les *condottieri* de révolutions et des bandits érigés en dictateurs, malgré toutes les manœuvres de la police, malgré les appels ardents d'Oudinot et de ses aides en diplomatie, l'on n'entendait pas une acclamation en faveur de Pie IX, et tous les foyers, comme tous les cœurs, restaient fermés à l'étranger.

Autre malheur : on ne trouvait pas de crimes au compte des triumvirs, pas de sang à leurs mains, dans leur poche pas une baïoque du trésor public ; on avait donc calomnié le peuple, l'armée, le gouvernement ; on avait trompé la France en toutes choses et sur toutes choses, pour abattre, pour assassiner une République !

Et qu'importent à nos saints ministres, à notre religieuse Assemblée, le silence terrible du peuple romain, son attitude sombre, sa piété pour sa République et pour ses morts ? Qu'importent les déceptions du jour, filles des vieilles calomnies ? Ce n'est pas l'indépendance, la souveraineté, la liberté du peuple romain dont il s'agit ; c'est l'intérêt général de la catholicité qui est en cause, et cet intérêt veut que le pape soit rétabli sur son trône, dans toute la plénitude de ses deux puissances, de ses deux souverainetés, qui, l'une sans l'autre, sont condamnées à périr.

Ainsi l'entendent ces deux capucins attardés sur la route du progrès, MM. de Falloux et de Montalembert ; ainsi le veut la majorité des 400 qui, sous la restauration de la tiare, voit ressusciter déjà tout l'ancien monde des couronnes et des hiérarchies.

Ce chant de victoire indiscret, ce triomphe prématuré des légitimités menace le président lui-même ; il trouve alors qu'on va trop vite en besogne ; il sait nos officiers voltairiens et fort las de jouer, aux yeux du monde, le beau rôle de geôliers du saint-office : il veut d'ailleurs, avant le Consulat ou l'Empire, se produire en pied sur la scène, et tout à coup il jette dans la politique une lettre napoléonienne qui, stipulant quelques apparences de liberté, règle et fixe les destins de Rome!

Mais M. Bonaparte a compté d'une part sans le pape, de l'autre sans M. Thiers et ses *croisés*. Le premier lui répond par un décret *ex cathedrá* à la Grégoire XVI, et M. Thiers, *oubliant* la lettre de l'Elysée, fait voter par ses royalistes l'encyclique de la proscription et de l'absolutisme.

C'est à ce point qu'en est le drame aujourd'hui ; M. Bonaparte a renouvelé son vestiaire et choisi des commis. Mais il a subi la politique de l'Assemblée ; — le pape n'a cédé ni d'un principe ni d'un pardon , — et la liberté romaine a pour suaire, non la pourpre de César, mais la robe rouge des cardinaux. Le pape, s'il rentre à Rome, ne pourra pas y rester huit jours après le départ de l'armée française ; et, d'après le père Ventura lui-même, il aura tué son sacerdoce éternel au profit de sa royauté viagère.

— Ainsi, la République romaine est morte

sous nos coups ; nous avons violé son terri—
toire, trahi son peuple, abattu son gouvernement, confisqué sa souveraineté. Nous avons
rétabli l'Église de paix sur un volcan de guerres
civiles.

Président de la République, et vous, membres de la majorité, que répondrez-vous à
l'histoire, en face de ce texte de la Constitution : « La République française respecte les
« nationalités étrangères, comme elle entend
« faire respecter la sienne ; elle n'entreprend
« aucune guerre dans des vues de conquête, et
« *n'emploie jamais ses forces contre la liberté d'au-*
« *cun peuple ?* »

Que répondrez-vous à l'histoire, vous, bi-
gots sans génie, qui n'aurez pas voulu séparer
le prince du pontife, dégager le dogme des
souverainetés mondaines qui lui sont étrangères, et qui aurez laissé porter à la religion
le coup le plus mortel, par l'aveugle entête-
ment de son premier vicaire ?

3.

Le Procès de Versailles.

Qu'est-ce que le procès de Versailles? C'est
un drame substitué, par un gouvernement aux
abois, à l'accablante et simple vérité des faits ;
c'est une protestation légale, la résistance
dans la Constitution, qu'on transforme en complot ; c'est une série de violences et de provo-
cations contre les victimes qu'on déguise sous
une accusation d'attentat.

Au point de vue judiciaire, c'est une arbitraire déclaration de compétence rendue par un tribunal qui n'avait pas qualité pour en connaître, au profit d'un haut jury dont les membres, n'ayant point été élus à cet effet, n'en pouvaient légitimement user. Monstrueuse et double usurpation de pouvoirs que couronne plus tard l'interdiction de la défense.

La démonstration sur ces matières est acquise à la conscience publique, et je n'ai rien à dire après les défenseurs de Versailles. Comment qualifier également tous ces faits particuliers, tous ces détails groupés avec tant d'art dans l'instruction et dans le réquisitoire, et dont les débats ont fait justice. La France a pu voir de quelle poussière on avait bâti cet échafaudage !

Un mot seulement sur les faits généraux, sur les causes immédiates et sur les incidents de valeur qui peuvent jeter la lumière vraie, les dernières clartés dans cette discussion si misérablement étranglée, non par des scrupules d'audience, mais par *la nécessité politique* et la peur des juges.

A l'audience, comme dans l'acte d'accusation, le fait essentiel, primordial, souverain, la cause originelle et génératrice du procès a disparu.

L'expédition romaine n'a-t-elle pas détruit l'indépendance, la souveraineté, *la liberté* d'un peuple? — Par ce crime la Constitution n'a-t-elle pas été violée? — Telle était véritablement la question.

« Détournons nos regards et laissons de
« côté cette éternelle affaire de Rome, dit M.
« Baroche; elle ne fut ici qu'un prétexte pour
« une révolution nouvelle. » — « On ne peut
« pas plaider devant un tribunal, et contre le
« gouvernement, que la Constitution a été vio-
« lée, dit M. de Royer; ces questions d'État
« appartiennent à l'Assemblée toute-puissante :
« elle seule en peut décider. »

Ainsi, d'une main, on écarte le cadavre et de l'autre l'arrêt accusateur; voilà la morale, la grande morale du réquisitoire! Avant de prendre la parole, il a besoin de voiler le meurtre et de voiler la loi. — Cette justice n'est-elle pas jugée?

Voilà donc Rome et la Constitution mises hors de cause; renvoyez ces *pleureuses* avec leurs longs voiles de deuil : elles n'ont que faire au procès.

Il s'agit d'un complot et d'un attentat contre la République française et son gouvernement, — d'un complot d'abord; en voici l'organisme :

1° *La Solidarité républicaine*, vaste association révolutionnaire qui reliait Paris aux départements et les départements à Paris; la *Solidarité jacobine* avait, dès longtemps, organisé les cadres, et l'affaire de Rome, servant de *prétexte*, son armée se leva partout, au mot d'ordre, pour engager la bataille.

2° Le but, après cet assaut général, c'était de mettre la main sur la société française, et

4

de la livrer à toutes les expériences sauvages du socialisme, en tenant tous les intérêts, tous les fronts affaissés sous une nouvelle *terreur* dont je devais être le Robespierre ; j'avais déjà distribué les fonctions à mes aides ; l'on nommait tous mes complices, grands juges, ministres et licteurs. N'avait-on pas trouvé, sous les tables du Conservatoire, le sinistre almanach de cette cour de sang?

5° Comme autrefois, dans les guerres civiles du monde romain, j'avais ma légion prétorienne et mon quartier des *Esquilies*. Ce quartier était le sixième arrondissement, et mon capitaine aux gardes avait nom Forestier.

Voilà, citoyens, ce que vous avez lu pendant quatre mois dans toutes les feuilles qui s'inspirent de la police, des parquets, et du gouvernement.

Eh bien! quand M. l'avocat-général, ces débats étant clos, a pris la parole, il n'a pas dit un mot, un seul mot de la *Solidarité républicaine ;* il n'avait pas été question une seule fois, à l'audience, de cette société-mère qui ralliait toute l'armée de Catilina.

Pourquoi ce silence et dans les débats et dans le réquisitoire? Parce qu'on avait adossé le procès à un paravent de fantaisie, parce que la *Solidarité républicaine*, société de propagande électorale qui s'était fondée légalement, était morte depuis *cinq mois;* parce que ceux de ses membres incarcérés avaient été élargis après une longue détention, lorsque l'affaire du 13 juin éclata; parce que de ses registres saisis, de ses papiers et correspondances mis sous les scellés, une instruction laborieuse n'avait pu tirer une seule preuve, un seul indice relatif au complot à juger. Ledit complot s'était donc écroulé par sa base, et l'on avait été forcé de l'étayer ailleurs. Voilà pourquoi la *Solidarité républicaine* a disparu de l'affiche, au lever du rideau.

Quant aux abominables expériences socialistes, dernier but de la conspiration, et aux-

quelles je devais présider en qualité de dictateur, *avec droit de vie et de mort*, puisqu'on n'a
rien trouvé dans le sac de la solidarité, les let-
tres, la correspondance du chef trahiront sans
doute le secret redoutable. Eh bien! on ne
produit pas même une seule lettre contre moi!
— Dans ma position officielle pourtant, j'en
recevais jusqu'à cent par jour, dont je ren-
voyais la plus grande partie à la poste, ne pouvant y répondre, ni les payer. Le gouvernement en avait là sous la main plusieurs mil-
liers, toutes ouvertes à l'œil de l'argus poli-
cier, ou du commis judiciaire, et dans ce riche trésor on n'a pu rien trouver non plus.

Singulier conspirateur que celui qui rece-
vait la preuve de son crime, sa correspondance
de chaque jour, à l'hôtel des Postes du gouvernement!

Mais le 6ᵉ arrondissement, et mon colonel
prétorien M. Forestier? — Hélas! dans ce malheureux procès, j'ai perdu mes Esquilies, mon

lieutenant, *qu'on a été obligé de rendre à la liberté;* j'ai perdu mes ministres, mes francs-
juges, mes licteurs, que l'on n'a pu retrouver,
pas plus que les *listes rouges* du Conservatoire !

Où donc alors était le complot le 15 juin ?
Il était dans l'air, il était sur toutes les lèvres
d'où s'échappait le cri de *Vive la Constitution!* Il
était dans la protestation universelle des con-
sciences; il était l'âme publique indignée.

Ainsi, quand le comité des journalistes, où
se trouvaient représentés *la Presse, le Siècle, le
Crédit* et *le National,* déclarait *à l'unanimité* que
la Constitution était violée; quand **M.** de Girar-
din y proposait, aux applaudissements unani-
mes, de mettre au ban l'Assemblée nationale
elle-même, c'était moi qui faisais mon complot
contre la Constitution, contre la République
et le gouvernement !

Quand le comité des *Amis de la Constitution*
rédigeait son manifeste du 12 juin, et con-

cluait, comme celui de la presse, par une déclaration de flagrant délit, et par un appel
aux républicains, c'était moi qui faisais mon
complot contre la société, contre la Constitution et contre le président! — Ne sait-on pas,
en effet, que le comité des *Amis de la Constitution* ne veut pas de la Constitution, ne veut
pas de la présidence, ne veut pas de la société
bourgeoise ?

Lorsqu'enfin le comité socialiste électoral
adressait ses deux mâles proclamations au
Peuple, au nom de la Constitution violée,
comme l'avaient fait la Montagne et les deux
autres comités, celui de la Presse et celui des
Amis de la Constitution, c'était moi, toujours
moi qui conspirais, et, cette fois, avec les
133,000 voix qu'avait obtenu, aux élections
de Paris, le premier candidat de ce comité
électoral socialiste !

Quelle pitié! — Trouver un complot, et le
complot de quelques hommes, dans une ex-

plosion universelle du sentiment public qui éclate par tous ses organes et par toutes ses voix, contre le meurtre d'un peuple et contre le parjure d'un gouvernement !

Ah ! certes, si c'est là pour M. Baroche un complot, il a bien mal fait sa besogne de justicier, car il aurait dû traîner la France entière à ses assises.

C'est cela pourtant, ou ce n'est rien, puisque *ma conspiration particulière* fait défaut, et qu'on a mis la *Solidarité républicaine* hors de cause.

Mais, qu'est-ce qu'un complot organisé, tramé par l'opinion publique, un complot de la conscience universelle ? C'est la vérité insaisissable, qui a pu être comprimée aujourd'hui, mais qui se fera jour demain, à travers mille et mille cratères, plus forte de sa compression même.

Un complot, au contraire, qui tombe sous le coup de la loi, ah ! nous en connaissons un qui s'est ourdi dans la nuit du 12, et déroulé sur les boulevards dans la journée du 13.

Le 12 au soir, *la date est significative*, avant la publication des manifestes, et le programme arrêté de la manifestation du lendemain, M. le général Changarnier éclatait ainsi, en s'entretenant avec le capitaine Farina : « *Je me* « *moque bien de votre Constitution ! — Lesseps est* « *un fou ! — Vous êtes tous des brigands de Pari-* « *siens ! Il n'y a que l'Empereur qui savait vous mâ-* « *ter. Eh bien ! moi, je mettrai le feu à votre ville !* »

Ces paroles touchantes qui révèlent si bien le républicain et le civilisé d'Afrique, elles avaient été répétées dans la salle des conférences, et de là s'étaient répandues au loin, comme la flamme sous le vent.

Ajoutez la tentative d'arrestation à domicile exécutée *dans la nuit du* 12 *au* 13 contre les vingt-cinq membres du comité socialiste ; ajoutez encore les décrets de suspension con-

tre les journaux républicains signés dans *la
même nuit ;* — apprenez, enfin, qu'on avait, *la
même nuit,* signé la dissolution de l'artillerie
parisienne (j'avais dans les mains, le 13, *à huit
heures du matin,* la *copie* de ces ordonnances sorties du ministère de l'intérieur), et qu'à ce dernier décret, on ne l'a point oublié, un commen-
cement d'exécution fut donné par l'expulsion
du poste des Tuileries, *à onze heures du matin!*
Citoyens, n'est-ce bien pas là qu'est véritablement le complot?

Et ces bandes en blouse sorties de la Pré-
fecture de police (plusieurs témoins en ont
déposé sans être contredits), ces faux ouvriers
aux mains blanches, aux souliers vernis (voyez
le *Moniteur*), marchant en légion d'émeute aux
Arts-et-Métiers, puis disparaissant tout à coup,
non pourtant sans avoir laissé leur empreinte
au Conservatoire, car je me rappelle deux de
ces héros de nuit, fusil à l'épaule, pistolets
aux reins, criant : Vive la République romaine!

et qui se sont rués sur moi, dès qu'ils m'ont vu sous les baïonnettes.

Ne reconnaissez-vous pas là les expéditions de 1832, 1833, 1835, et ne devinez-vous pas d'où sont partis les coups de fusil tirés derrière ces barricades embryonnaires qui devaient, plus tard, offrir à M. le général Changarnier une si facile et si retentissante victoire. Ah! le Peuple sait défendre autrement les barricades qu'il a lui-même élevées.

Le voilà, le grand complot de la journée du 13 juin, le voilà dans son vrai jour, avec ses menaces de caserne, ses décrets de provocation et ses guenilles de police.

N'en serait-il pas de même de l'attentat, et n'est-ce pas à ceux qui nous accusent que doit revenir le compte de la journée? Voyez et jugez.

La colonne de la manifestation, partie du Château-d'Eau, s'est déroulée le long du boulevard; des officiers de garde nationale en tête : Etiennè Arago, Schmit, Périer; elle est accueillie, sur son passage, par les plus vives acclamations; pas un cri séditieux n'est sorti de ses rangs, pas un homme n'est armé, pas une parole de guerre, pas une provocation n'a retenti : c'est la protestation du peuple qui se déploie pacifiquement en divisions profondes; c'est l'armée de la constitution qui passe et qui va demander justice pour son honneur qui saigne et pour un peuple égorgé. Mais, tout à coup un fort détachement militaire débouche, au trot, par la rue de la Paix, se jette sur cette longue foule massée, la coupe en tous les sens, la pousse du pied de ses chevaux et de la pointe de ses baïonnettes. La colonne attaquée cède en son milieu, mais elle ne peut ni se disperser, car il n'y a d'issues qu'une terrasse élevée, ni reculer, ses deux extrémités faisant l'étau. La mêlée reste épaisse quelque temps : alors, des hommes tombent, on en frappe qui sont à genoux ou qui cherchent à fuir ! Enfin !... les vides se font, et les cadres à demi refoulés, MM. les commissaires de police commencent à *faire les sommations.*

Les sommations, oui, après l'embuscade, après le guet-à-pens, après toutes les violences ; le roulement de tambour après l'exécution !

Si c'est là la méthode africaine, elle peut être d'une irrésistible vertu dans la guerre ; mais cette irruption d'ennemis dans une cité tranquille, contre les masses d'un peuple qui défile sans armes, se croyant à l'abri sous le bouclier de la loi, comment la nommer ? Chez des hommes libres, on l'appellerait assassinat ! Mais quand l'état de siége vient, après, tout couvrir de son formidable silence, que la parole reste aux vainqueurs seulement, cela se décore du nom de stratégie, *la grande stratégie* du général Changarnier.

Ah ! pour moi, je le déclare, cinq mois écoulés n'ont encore rien effacé de la vivacité de mes impressions. A la vue de ce peuple traîtreusement surpris, lâchement assassiné, courant de toutes parts en criant : Aux armes ! à la vue de ces citoyens sanglants apportés sous les fenêtres du lieu même de notre réunion ; au souvenir des paroles du général Changarnier, dites la veille : « Je mettrai le feu à votre ville ; » au souvenir, qui se pressait dans ma tête, de ces décrets déjà rendus contre les journaux, contre l'artillerie, je n'ai plus eu qu'un sentiment : défendre, avec le Peuple, la Constitution deux fois violée par l'attentat contre Rome et par l'attentat contre des citoyens désarmés ; — ou bien tomber, en victime, avec lui.

Aux Arts-et-Métiers ! dit quelqu'un. Aux Arts-et-Métiers ! répondis-je..... Eh bien ! oui, le destin a trahi la cause du droit ; le fait nous a condamnés !

Que m'importe, je le confesse ici dans la

sainteté de ma conscience, et dût l'amertume de l'exil empoisonner le reste de ma vie, le 13 juin serait à faire, que, placé sous l'empire des mêmes circonstances, je recommencerais ce que j'ai fait le 13 juin.

Ce n'est pas l'orgueil qui me fait parler ainsi, c'est la foi. — Il est des heures suprêmes où les petites combinaisons politiques ne sont rien. Oui, encore un coup, le fait nous a condamnés, mais un parti ne grandit point avec le droit qui succombe dans sa main, il grandit en succombant pour le droit ! le droit, seule puissance de la démocratie depuis tant de siècles et contre laquelle aucun arrêt n'a su prévaloir.

Celui de Versailles, croyez-moi, amis, est déjà apprécié, comme le fut par l'histoire l'arrêt des martyrs du 9 thermidor :

« C'EST UN PROCÈS JUGÉ, MAIS NON PLAIDÉ. »

De la Majorité souveraine.

Peut-on même appeler *jugé* un procès où l'on a refusé de laisser débattre les principes, les causes déterminantes?

Mais à quoi servirait de se traîner plus longuement sur d'inutiles détails, quand la solution du procès de Rhodez vient de nous prouver, une dernière fois, après vingt autres acquittements, ce que pense la France de la violation de la Constitution par le gouverne-

ment et par l'Assemblée? Effrayantes et for-
midables leçons, parties de tous les points du
pays, comme une protestation unanime contre
le verdict du jury de Versailles !

Avant de fermer cependant le dernier feuil-
let de ce procès, il nous faut examiner une
double thèse, proclamée par le ministère public, consacrée par les juges, et qui semble
suspendue sur la République comme une menace et comme un défi.

La majorité de l'Assemblée nationale, a-t-on
dit, est souveraine. Elle a le droit omnipo-
tent, le pouvoir absolu d'initiative et d'inter-
prétation. Sa décision est, en toutes choses,
la loi des lois.

Et, comme corollaire immédiat, comme lé-
gitime conséquence :

Le droit d'insurrection n'existe en aucun
cas, toute résistance est un crime.

Ce code n'est pas nouveau dans le monde :
il s'appelait, au moyen âge, le droit divin, et

l'on en trouve encore les formules et la dis-
cipline dans le catéchisme de toutes les Rus-
sies.

Mais, chez Nicolas, dit-on, c'est la volonté
d'un seul qui fait la loi, toute la loi; c'est
donc l'absolutisme. Tandis qu'en France, c'est
la volonté collective qui fait les majorités, et
le vote de la majorité n'est que l'expression,
par l'organe de ses délégués, de cette volonté
collective, l'expression du souverain. — Vous
ne voulez donc pas de la souveraineté du
Peuple?

Non, certes, je ne veux pas de puissance
au-dessus du droit éternel; je ne veux pas d'un
souverain *absolu* au-dessus des droits *inhérents
à la nature* même de l'homme, quel que soit
ce pouvoir et comment qu'on le nomme : —
dictateur, peuple ou roi!

Je suis homme et citoyen à la fois. Homme,
j'ai des droits naturels qui sont au-dessus de
toutes les souverainetés, et ces droits anté-

rieurs, imprescriptibles, ces droits sacrés : liberté de conscience, liberté du culte, liberté de penser, liberté de vivre, je ne puis les abdiquer sans m'aliéner moi-même.

Que les grands docteurs qui prêchent, après celui des Césars, l'absolutisme du peuple, pour nous ramener par le peuple à l'absolutisme des rois, nous expliquent pourquoi les religions, pourquoi les philosophies ont eu tant de martyrs, et pourquoi l'humanité, cette volonté collective des siècles et des peuples, a marqué sa plus haute période de civilisation par l'affranchissement de la conscience individuelle, par la consécration de ces droits naturels : la pensée, la croyance et le culte libres !

Citoyen, c'est-à-dire membre de la grande famille souveraine, j'ai pareillement *des droits* contre lesquels rien ne vaut, ni volonté collective, ni dictature d'un seul ou de plusieurs, car ces droits sont ma part elle-même de souveraineté; je ne puis les abdiquer sans tomber esclave, sans devenir *une chose* dans la famille politique, et voilà pourquoi la *République* et le *suffrage universel*, instruments et garanties absolues de la souveraineté *pour chacun et pour tous*, — voilà pourquoi, dis-je, le suffrage universel et la République sont aussi sacrés au *citoyen* que les droits antérieurs et la constitution de *l'homme*.

Toute usurpation, de ce côté, serait un crime, et le Peuple entier moins un serait-il complice, il y aurait attentat à la loi sociale, au principe, au dogme de la souveraineté, car il y aurait un esclave ou bien un martyr !

Voilà le droit dans toute sa probité, dans toute sa rigueur.

Or, si le Peuple entier moins un ne peut, en l'aliénant, porter atteinte à la souveraineté qui réside dans chacun et dans tous, comment une majorité de *simples délégués* pourrait-elle ce que ne peut pas le souverain lui-même?

Et ce n'est pas tout. L'Assemblée législative a prêté serment à la Constitution républicaine qui pose et garantit les droits et les devoirs ; cette Constitution, qui n'est pas une charte, un contrat, mais l'expression vivante et sacrée de la volonté collective, c'est-à-dire une véritable déclaration de la souveraineté, — cette Constitution, l'Assemblée législative ne l'a pas faite ; elle n'a reçu mandat ni pour l'interpréter contre son texte formel, ni pour la modifier selon ses caprices ; elle ne peut, elle ne doit que l'incarner dans les institutions, et la défendre contre l'empiétement des partis ou les forfaitures du pouvoir exécutif.

Voilà son rôle ; or, si la Constitution est la lettre obligatoire, le code absolu de la Législative, comment sa majorité pourrait-elle violer elle-même cette Constitution, comment pourrait-elle exercer la souveraineté dans toute sa plénitude ? Comment la décision de cette majorité serait-elle la loi des lois ?

Cette argumentation est l'évidence, et nous mettons au défi les sophistes les plus habiles de la rompre sans aller aux hérésies.

Mais si cette théorie de l'absolutisme au profit des majorités est condamnée par la science sociale, par la Constitution et par tous les principes du gouvernement républicain, elle est surtout odieuse et redoutable par ses conséquences.

Ainsi, la majorité pourrait, *en vertu de son droit souverain*, supprimer la liberté des cultes et nous rendre la Saint-Barthélemy, les dragonnades, l'assassinat des Albigeois et le carnage des Hussites !

La majorité pourrait, *en vertu de son droit souverain*, supprimer la liberté du citoyen et celle de la pensée, c'est-à-dire nous rendre la censure et les verroux de l'ancien régime, la Bastille et la Sorbonne.

La majorité pourrait, toujours *en vertu de son droit souverain*, supprimer la République et le suffrage universel, c'est-à-dire absorber tous les droits, effacer, d'un trait, la souveraineté du peuple.

Et c'est quand ce monstrueux anthropomorphisme est prêché comme le dogme de vérité, c'est quand toutes les servitudes se condensent sous une seule tyrannie, qu'on vient dire au Peuple, au souverain : La loi de cette tyrannie sera ta loi, l'insurrection est toujours un crime, tu n'as pas le droit de résistance!

S'il en est ainsi, Peuple, fais amende honorable, la corde au cou, le cilice aux reins, pour les trois grandes Révolutions que tu as accomplies depuis un demi-siècle; brûle les livres qui t'ont inspiré tes saintes révoltes, les monuments et les codes qui les ont consacrées; ouvre les tombeaux de tes philosophes et de tes martyrs, jette leurs cendres au vent, déchire leurs images, renverse leurs statues; te voilà redevenu vassal d'esprit et de corps, te voilà devenu la *chose de tes délégués*, qui t'ont pris à bail pour trois ans !

Ah ! vous voulez tuer le droit d'insurrection, et vous formulez d'un seul mot, en un seul principe, le code de toutes les tyrannies, et vous fondez sur la République elle-même le despotisme des commis ! — Mais vous outragez le Peuple jusqu'au dernier scandale, en le dépouillant, et quand viendront les crises, vous aurez légitimé les plus terribles résistances.

Ceci est une question de vie ou de mort ; — aussi dirai-je au Peuple en finissant :

5

Citoyens, mes amis, mes frères, veillez,
veillez nuit et jour ; évitez les discordes intes-
tines, ralliez-vous, en légion, sous le drapeau
de la République ; car le gouvernement est
aux ambitions empiriques et folles qui tentent
les 18 brumaire sans s'être trempées dans la
gloire ; car votre Assemblée législative, en se
déclarant souveraine et seule interprète de la
Constitution, s'est réservée le droit de vie et
de mort sur la République, sur toutes vos institutions, sur tous vos droits, sur le suffrage
universel, qui est votre dernière force avant

le désespoir ! Car toutes vos administrations, toutes vos hiérarchies, tous vos états-majors sont à la trahison flagrante ; car votre Révolution de février n'est que la curée des royalistes. Et ce n'est pas au milieu de vous, autour de vous seulement que s'agitent et se précipitent les factions ennemies qui vous guettent comme une proie perdue ; elle est dans toute l'Europe, à Saint-Pétersbourg, à Berlin, à Naples, à Vienne, à Londres, la grande conspiration qui veut abattre la République française, qui veut *en finir avec la Révolution.*

Jetez les yeux sur la carte des guerres et voyez ! Pour ne pas réveiller dans le monde les alarmes jalouses, on nous a fait rester couchés dans le lit de la défaite, comme au lendemain de Waterloo. Puis, nous avons laissé tomber, tour à tour, les révolutions écloses sur nos frontières au souffle puissant de nos idées. La Prusse, le grand duché de Bade, la

Bavière, les Villes libres , la Savoie , le Piémont, l'Italie entière, tous les Peuples fils de notre génie révolutionnaire s'étaient levés. Nous les avons livrés l'un après l'autre au coup rapide des coalitions royales, et, de Berlin à Rome , où nous campons *pour la catholicité*, tout est fauché ; il n'y a plus que des gibets, des cachots et des tombes !

Une seconde ligne de bataille apparut tout à coup, et , cette fois , profonde, coupant en deux l'Europe des rois, car elle éclairait, de ses feux, depuis les sapins du nord jusqu'aux flots de l'Adriatique ; c'était Venise, c'était la Hongrie, c'était le vieux Danube en révolte comme le Rhin, c'était le tocsin de la Révolution, appelant, du haut des Carpathes, vingt nations à la fête du dernier combat, et réveillant sur sa croix sanglante leur sœur aînée , la Pologne. — Eh bien! la Pologne a donné sa dernière garde, celle de ses tombeaux ; la Hongrie a prodigué ses victoires et le sang de ses veines; Venise a vécu sous une pluie de feu; tous les miracles de nos grandes guerres ont été renouvelés par ces peuples de héros, et la France républicaine a gardé le silence des neutres! Et deux grands empires de l'Europe ont pu se liguer pour abattre un homme, une patrie, la Hongrie, Kossuth. — Et maintenant, cette seconde ligne de bataille est fauchée comme la première, et de Venise à Varsovie, comme du Rhin au Tibre, il n'y a plus que des gibets, des cachots et des tombes!

Voilà l'histoire, amis! Tous nos alliés sont à la chaîne ou morts. Acculés sur un dernier mamelon, nous sommes seuls en Europe, seuls, — entre l'Angleterre, qui, féodale ou marchande, nous hait, car notre Révolution la subalternise en affranchissant le monde, — et la vieille coalition du continent, qui masse ses armées comme en 1815, comme en 92! Souvenez-vous, d'autre part, que nous avons, celle fois, Coblentz et tous ses héritiers, tous ses cadets dans les administrations, dans les Assemblées, partout.

Ainsi, veillez, Républicains, et que tout homme qui aime la patrie veille avec vous ! car, peut-être, au printemps prochain, avant que la moisson n'ait fleuri pour les maîtres, vous entendrez, sur les champs de bataille engraissés par le sang des Peuples, battre le rappel des grandes guerres, et l'enjeu, cette fois, sera la *patrie*, la République, l'avenir du monde.

Ne vous laissez donc pas entraîner aux querelles vaines, aux débats irritants, aux systèmes qui divisent, et ne songez qu'à défendre, à sauver la Révolution. Elle gardera fidèlement dans son sein tous vos principes, toutes vos idées, toutes vos espérances ; mais, pour Dieu ! réfléchissez qu'elle seule peut les garder, car elle est la mère, elle est la nourrice même de nos rêves, et, quand le combat aura fini, la liberté vous les rendra pour que vous les portiez devant le Peuple, votre juge et le nôtre.

Encore une fois, serrez vos rangs, il y a danger. — Les rois, au dehors, dans leurs conseils, ont *condamné* la patrie de la Révolution, et les royalistes, au-dedans, creusent, en pleine Assemblée, la fosse de la République.

Pour que les bouchers de Berlin, de Prague et de Milan ne rallient pas à l'improviste leurs armées encore éparses, pour que le canon ne vous surprenne pas au milieu de vos dissertations, prenez vos mesures vous-mêmes ; défiez-vous de ceux qui font diversion à ce grand devoir ; la première Révolution en connut de pareils ; ne comptez pas sur votre gouvernement, sur ses journaux, sur ses diplomates ; faites signaler, chaque jour, par vos orateurs à la tribune, par vos sentinelles de la presse républicaine, les évolutions de la politique ennemie, ses stratégies intérieures, ses mouvements de corps armés ; préparez le Peuple à la guerre sainte ; si l'on vous demande vos fusils de gardes nationaux, ne les rendez pas ; et qu'à la première alerte du côté du Rhin, à la première menace contre la Suisse, par exemple, car ils veulent vous tourner, la France se lève, dans une vaste ligue, toute hérissée d'armes, comme une forêt de baïonnettes.

A l'intérieur, vous conjurerez le péril en vous ralliant sous la bannière de la Constitution, bannière déchirée par le boulet qui tua Rome, mais encore debout aux mains de la Montagne, et portant dans ses plis, avec les armes de la Révolution, les deux grandes devises de Février : *Suffrage universel, — République française.*

De cette Montagne, on a dit, je le sais, qu'elle s'était suicidée. — Suicidée ! — en protestant au nom de la République, au nom de la Révolution, contre l'assassinat de Rome, contre la honte et contre le crime du fratricide ? — En tombant, dans le drapeau de la Constitution, sous les violences de la force et de la dictature ! — Ah ! ce n'est pas le devoir accompli, quoique malheureux, qui tue ; c'est la contradiction s'acharnant à tout, étouffant sous l'orgueil toute foi, tout dévouement ; c'est la dispute byzantine enfin quand a sonné l'heure des crises. Oui, dans cette journée, la Montagne a perdu quelques hommes, et des meilleurs, qui sont aujourd'hui sous les murs épais de Doullens ; mais la hampe du drapeau est restée dans ses mains que le sacrifice a retrempées ; mais la vie morale est sauve ; mais, grâce à la prison, grâce à l'exil, peuplés par ses martyrs, elle a le droit de dire : J'ai gardé la Constitution jusqu'au Calvaire ; je suis la légion sacrée de la République.

Citoyens, groupez-vous donc. Dans quelques jours, aux termes d'une loi de déchéance, vous serez appelés dans seize départements à remplacer vos élus de mai, les grands coupables du 13 juin. — Les royalistes se partagent déjà les trente écharpes des condamnés. — Cependant la victoire est dans vos mains; c'est à vous de voir si vous voulez écrire vos noms au bas de l'arrêt de Versailles et sur la grande tombe romaine; c'est à vous de voir si vous voulez sceller de votre sceau souverain les registres de la déportation.

Songez qu'il s'agit d'*affirmer* de nouveau la République démocratique et sociale par un grand acte de souveraineté, de venger la Constitution violée, de protester une dernière fois contre le guet-apens de Rome, et de relever, dans le monde, la foi française tachée par le sang d'un meurtre.

Ralliez-vous donc énergiquement en comités; encore un coup, la patrie est en danger ! Marchez avec ensemble, dans une seule volonté, comme une phalange à l'assaut ; et que celui de vous, électeur ou candidat, qui fera scission ou refusera son concours, que celui-là soit déclaré par tous *renégat de la Révolution et traître à la République*.

Ce jugement, soyez-en certains, ne fera que devancer celui de l'histoire.

LEDRU-ROLLIN.

Londres, novembre 1849.

Paris.—Typ. Schneider, rue d'Erfurth, 1.